# NÉSTOR E. RODRÍGUEZ

La Romana, 1971. Poeta, ensayista y académico. Sus poemas han sido publicados en revistas y suplementos literarios de América latina, así como en diversas antologías del continente, entre ellas la *Antología de la poesía latinoamericana del siglo XXI* (México: Siglo XXI, 1997) y *El decir y el vértigo: panorama de la poesía hispanoamericana reciente* (México: Filodecaballos, 2005). En 2001 resultó ganador en Puerto Rico del Certamen de Poesía Olga Nolla con *Animal pedestre* (Puerto Rico: Terranova, 2004). También es autor de *El desasido* (México: El Billar de Lucrecia, 2009), y *Limo* (Brasil: OrganoGrama, 2018), publicado en edición bilingüe español-portugués. Es profesor de literatura latinoamericana en la Universidad de Toronto, Canadá.

# POESÍA
# REUNIDA

# Néstor E. Rodríguez

# Poesía Reunida

**Zemí Book (Crown Octavo)**

SAN JUAN - SANTO DOMINGO - NEW YORK

Otros títulos de Néstor E. Rodríguez:

*La isla y su envés*
*Escrituras de desencuentro en la República Dominicana*
*Crítica para tiempos de poco fervor*

**Información sobre pedidos.** Descuentos especiales disponi-bles en compras de gran cantidad por corporaciones, asocia-ciones y otros. Para obtener más información, comuníquese con los editores en **zemibook@gmail.com**. Pedidos de librerías y mayoristas de los Estados Unidos, comunicarse con Ingram Distributors.

Título: *Poesía reunida*
1ra edición © 2018 Néstor Rodríguez

ISBN: 978-9945-9129-8-2
Impreso en Estados Unidos
Arte de portada: detalle de *Our Latest Breed*, acrílico sobre lienzo, de Gerard Ellis, cortesía del autor y Lyle O. Reitzel Arte Contemporáneo.
Diagramación y diseño de cubierta: Critical Hit Studios
Paratexto de contratapa: Benito del Pliego

# Aún quedan alquimias: Notas contradictorias a una obra poética casi completa

PESE A LA ADMIRABLE CONTENCIÓN con la que Néstor E. Rodríguez ha ido haciendo pública su poesía, esta *Poesía reunida* da pistas de un amplio recorrido. Es, por un lado, casi una suma de su escritura poética hasta la fecha y en ese sentido recupera y vuelve a dibujar una trayectoria que inscribe la epifanía de donde surgieron sus poemas en una extraña narración que las amplía y las matiza.

Casi una suma, digo, y eso también quiere decir que en este nuevo libro asoma una resta; la resta de algunos textos de ese posible paisaje total del que, quienes hemos venido prestando atención a lo que Néstor E. Rodríguez ha ido dando a la imprenta—*Animal pedestre* en el 2004 y *El desasido* en el 2009—sabemos que podría haberse publicado. Porque de esos libros se ofrece aquí una selección de poemas revisados. Ese panorama se expande en *Poesía reunida* por una novedosa y hasta ahora inédita parte final—la titulada *Limo*—, pero queda intacta una significativa relación entre paisaje y palabra: "¿Es el nombre el que concilia/esa estampa o la insistencia/rotunda del paisaje/la que destila una voz?". Así que, conciliando dos presencias poéticas que lo sobrevuelan—la de Antonio José Ponte y la de Aníbal Núñez—más que un paisaje completo, este nuevo libro es una recomposición a partir de cierta ausencia, un significativo paisaje con ruinas, porque la ruina se asume aquí como apuesta fundamental, como una anticipación del futuro ("La casa a punto de derrumbarse/tensiona una tragedia tan rotunda/como la de la casa sin terminar") y una posibilidad de habitar la pérdida sin someternos a la esperanza vana de restaurar lo perdido; la ruina es el puente imposible por el que se puede volver atrás.

El recorrido que intuyo aquí tiene algo que ver con lo que apunta otro de los nuevos poemas, el que lleva por título el nombre del poeta José María Lima: "A los veinte años/moraba en las imágenes/de tus versos espectrales./ Veinte han transcurrido/desde aquel fogonazo./La resaca me dice que aún quedan/alquimias en proceso". Como en la misteriosa atracción que la lectura del poeta puertorriqueño concita aún en el que escribe, *Ya no vendrás a Albión* actualiza un fulgor que es vestigio y proyección de un solo impulso. Vemos aquí el germen de la escritura de Néstor E. Rodríguez, vemos su peregrino lugar, vemos su porvenir.

Pero dar por sentado cualquier recorrido es, por lo que tiene de explicación o resumen, contrario a la naturaleza de lo que la poesía ofrece. La poesía no cierra nunca, no se atiene a las simplificaciones, y este libro es un punzante recordatorio de esa maravillosa imposibilidad. Y solo asumiendo esa deficiencia de partida puedo intentar hacer creer que efectivamente los poemas de este libro giran en torno a *un* gran asunto: la nostalgia del lugar, la posibilidad del retorno, la extranjería.

Néstor E. Rodríguez no es en este sentido ajeno a ese espacio de la escritura (y de la experiencia) contemporánea que ha hecho de los escritores, y particularmente de los poetas, figuras equiparables a la de los migrantes que, en cualquiera de sus variedades, han terminado por convertirse en metáfora de la condición humana actual: exiliados, desplazados, desterrados, refugiados que, como en estos poemas, miran a su alrededor sorprendidos de no estar donde estuvieron y se debaten—como en el poema inaugural del libro—entre dos imposibles: el regreso y el olvido. Y digo todo esto no solo pensando en la trayectoria vital del autor, vivo retrato de ese historial de desasimientos en el que tantos, hayamos o no salido de nuestro lugar de origen, nos hemos visto forzados a reconocernos. Porque no se trata tanto de subrayar la situación personal de su autor como de notar la manera en que este la hace letra y dibuja un recorrido en su escritura.

Hay, pues, una trayectoria, pero es paradójica porque va de la pérdida del lugar a su recuperación imposible. Es un movimiento que cruza la conciencia de la extranjería y gesta líneas de fuga contra la desintegración de la identidad con la que esta extranjería permanente amenaza. Además, la meditación sobre lo que queda atrás se complica—y esta es quizás una de las principales novedades de los poemas de *Limo*—por la entrada en la ecuación de lo familiar, que reincide en lo que de irrenunciable tiene la vinculación a un mundo de experiencias afectivas primordiales localizado atrás, en lo perdido. Los antepasados —la madre, los abuelos—y también los hijos—en quienes se propaga el ciclo hacia el futuro—son fundadores de un lugar irrenunciable y a la vez desaparecido. La familia insiste en conservar una cercanía sujeta a la misma fuerza de la gravedad que propaga por el ADN la experiencia del desarraigo. La extranjería también es del afecto y el tiempo.

Pero como en poesía las cosas nunca terminan de ser lo que parecen y son siempre algo más, la salida del lugar familiar, el extrañamiento que impulsa el trayecto de este libro es, también y al mismo tiempo, una poética. Nombrar esta trayectoria, es comprender la dificultad de nombrarla propiamente. Aquí hay un interesantísimo forcejeo entre esa búsqueda de lugar y la afirmación de un tipo de conciencia que interrumpe la nostalgia que esta búsqueda genera. La extrañeza propia de la poesía es la extrañeza de un "doble murmullo", una voz con la que nos identificamos íntimamente y que no es más nuestra que los lugares de los que nos fuimos o los desconocidos que nos rodean, esas "figuras devolviéndome en las calles,/...la pesada indiferencia de la voz,/ajena a mí."

*Poesía reunida* es una renuncia a la posibilidad del regreso y una superación de esta pérdida. Lo poético funda otro espacio, otra posibilidad de relación con el paisaje. Frente al limo primigenio de cualquier territorio, la iluminación aérea de la poesía. Los poemas restituyen un sentido de pertenencia ajeno a la "gracia macabra del barro" y de todo afán de "reconquista" de los lugares del pasado. Su apuesta es un "asomo de luz/ entre el limo compacto/ de su errancia". Ese fulgor, esa "alevosía de la luz", quiere rasgar la extrañeza del instante para instaurar otra: "Un estar aquí/ suspendido e ignoto"; ese es el logro que resume "la pírrica victoria/ sobre el extravío" en que consiste lo poético. Aunque esta epifanía sea una detención, un completo desasimiento ("y no parece invocar/ con este lance nada...") es suficiente para abrirse a los otros. El fulgor de la poesía nos permite volver a pertenecer conservando el misterio en que ese sentido de pertenencia se sustenta.

La contención que caracteriza la escritura de Néstor E. Rodríguez, eso poco que se articula a la luz del asombro, es un rasgo a destacar. Contrasta vivamente con el desmelene expresionista que sigue cotizando al alza en poesía. Hay aquí un equilibrio tan distante de la pretensión absurda de ser novedoso como de las aspiraciones de eternidad que todavía hoy algún iluso cultiva. Néstor E. Rodríguez establece metas propias pero desconfía del corto plazo.

Esta contención entra también de lleno en lo que su escritura explora desde la lábil perspectiva del significado al poner en práctica una poética en que este es, más que la imagen a la que remiten las palabras, lo que se resiste a quedar definitivamente fijado en esta ecuación que presupone que el poema es un mero pasaje hacia el mundo de las ideas. Lo poético es "un resto de claridad ... centelleando/ contra todo vestigio de lo acontecido". Así que, si como proponía, existiese en *Poesía reunida* un asunto adscrito a la lectura de conjunto de sus textos, quizás lo más significativo no fuese tal carácter comprehensivo, sino la resistencia que los poemas ofrecen, verso a verso, a la reducción de sus matices a esa gran idea. Quizás el libro se sostiene, más que sobre esa trayectoria, sobre su pasmosa capacidad de detención. Detención en asombro que es la oscilación que se describe en "los juegos malabares" del poema que lleva ese título: todo el movimiento del libro es "una insinuación o fractura/ que refulge en la piel de los objetos", la proyección de una epifanía íntima sobre el mundo, un fulgor que se confunde, como el musgo en la roca, con los detalles de las personas y las cosas en que se refleja. No hay por tanto ningún gran tema, hay un enorme apego a las minucias en las que ese asunto se manifiesta. Surge así también una emocionante sensación de cercanía que el poema retiene y devuelve. Las palabras guardan o gestan la calidez de una vivencia, una inmediatez que aloja los afectos y el misterio y hacen posible que permanezca, vivo y habitable, un paisaje muchos años después de haber sido entrevisto.

*Benito del Pliego*
*Chapel Hill, julio, 2018*

# ANIMAL PEDESTRE
## (2004)

# VUELTA

Volver ajeno
como quien regresa.
Andar oculto
como quien nos mira.
El retorno es un furor cifrado
contra letras imposibles,
la pátina de horas y memorias
si digo soledad para buscarte,
un intento, pues, de mordedura.
El olvido, al contrario,
es una ficha marcada
que fija en el tiempo su envés.
Con ella se negocia la tregua
en el blanco de los cuartos,
perdida ya la mínima cordura,
al presenciar que al asomo
cotidiano de las cosas
una maraña de pasos breves avanza.

## ANIMAL PEDESTRE

Puesto que medra
en sus semblantes el enigma,
parapetado, lábil,
reptando en los linderos,
equilibra el Gracioso
la gesta de su mascarada.
Dos ojos conforman su nómina
de partes, dos orejas,
la cara que ostenta su nariz
y la extiende al mundo como un velamen.
De la cabeza al tronco de colorines
da natura larga cuenta de tentáculos
con los que manosea la nada.

# LA CIGUAPA

Al borde de sus pasos
recula esta viajera,
velocísima.
Ni rastro de saliva se conserva,
menos el eco de su paso
por la yerba y los zaguanes.
Qué no diera por saber de sus motivos,
por beber de la tensión de su escapada.

# Elogio de la llave

Cómo se juega la llave su esplendor metálico,
la dentada caricia vacilante
frente a la vecindad esférica del pomo.

# El primer miedo

Miedo pánico llamaron
a esa primera permanencia a la deriva
que de los metales reventó la calma:
miedo pánico, el primer miedo.

# La voz germinada

*Desde todas las cosas se levantan cantos.*
Roberto Juarroz

Salgo a despejar la voz
que se contrae con los días.
De la mano la llevo
en procura de esa ruta invisible
levantada a sus espaldas.
Qué digo,
no conduzco esa voz
retorcida por los flancos,
ausente de todo y gozosa de sus giros.
En cualquier momento volveré hacia ella
mi humanidad sobria y contenida
como quien amaña improvisadas razones,
siempre inútiles,
con las cuales hacer frente
a las formas ahora descubiertas del secreto.
Figuras que me devuelven en las calles,

en la fijeza de esos muros,
la pesada indiferencia de la voz,
ajena de mí.

# EN LAS MORADAS APARENTES

Si miro como ahora, desde abajo,
el techo que muda su más liviana piel
me regala dos pentágonos.
No sosiega la tarde
en su cadencia de siempre,
se consume la tarde,
no labora el testador.

# EL POETA FRANCISCO BAUTISTA EN LA TRANQUILIDAD DE UNA MAÑANA ESTIVAL

—Palabra, ¿por culpa de qué culpa
me desvela tu imposible materialidad?

## Sharazad, noche 574

¿Quién asalta esos bronces,
que anuncia en las almenas
su oculta liviandad?

# ABOLICIÓN DE LA SUERTE

La cosa no es gritar, es ser oído
en los recintos de la margen contraria,
el sonido agotado por la lisura de sus restos.
El barquero partió hace siglos.
Al barquero nadie lo vio nunca,
aunque se sabe de su paso adoquinado.
Pregunta por él al peregrino en sus andares.
Él lo ve, curtido de ceniza dice verlo,
parco en esperas.

## Estampa del Gramático
## hundido en su gabinete

A pesar del rigor, fíjate,
esa marca necia
sobre la página.

# Lullwater Park

Danza la ardilla, grácil,
frente a las dunas del patio.
En su metódica premura
se afinca nuestra equivalencia:
nostalgia del lugar.

# JANO

Sobre la sombra única
el debate de dos rostros:
el uno agota los ardides
del conocimiento puro,
la soledad, los pulidos anaqueles.

Las huellas de la mano
le han revelado al otro la idea del tiempo.
No son para sus ojos carne y fuego
verdades distintas sino una sola,
la misma de la noche repetida,
los silencios y las voces.

El uno indaga en su imagen libresca
de ampulosas redes adjetivas.
Es uno su cuerpo,
como uno el gesto que lo abriga.

Vence la vigilia.

Contra la pared, como atávico reflejo,
el otro torna a soñar.
Sabe del aire conocido por sus padres
y de una extraña palabra
gemela de muchas otras.

El doble murmullo.

Es de cal el lienzo y la certeza
de una sombra
que el reflejo desdibuja.

La voz geminada.

Sea la cifra que se escinde
junto a la opacidad del reflejo
la indudable marca,
una frágil seña perfecta.
Ella se niega a referir ambos nombres.

El instante precisa un motivo irresoluto:
Jano ensaya su contorno.

# Nostalgia del bertsolari

Yo ando tropezándome en el cuarto
con la cara de los objetos,
de la afinidad al calco tanta seña inútil,
un minuto incluso y todo que termina.
Silencio, nomenclaturas.

# EL DESASIDO
## (2009)

# MUNDO GIRATORIO

Por la ventana
pasa el mundo
a escala minúscula:
el teatro del afuera.
Un poco desorientado
por la gracia
lumínica de los viandantes,
insisto en concitar
la alevosía de la luz.
De la calle veo su resplandor
sobre el asfalto mojado,
el celaje de unos pocos automóviles
y una tríada de canes aguardando.
Suele saberse de tres,
me digo, matemático,
guarismo impar
ese que bordea
la boca de mi boca
hasta descubrirse

en su desnudez
de fierecilla alada,
número danzante
ese que activa
la memoria del cetáceo
al punto de perdidas emanaciones.
*Si estuvieras aquí,*
*si vieras hasta qué hora*
 *son cuatro estas paredes.*

## JUEGOS MALABARES

Mi amiga Mara Pastor es malabarista,
lo supo en Toledo por casualidad,
una tarde pegajosa en que podían
haberle dicho lo que fuera
y ella no se hubiese reservado
una sonrisa aquiescente
ni un resto de ternura atroz.
Minutos había de sobra
para trucar el tiempo detenido
en el equilibrio de las clavas,
o bien masticar el tedio
con el milagro de los diábolos
y los platos danzarines.
Pero la epifanía llegó como se pudo,
no como se hubiera querido,
rasgó el ajado tegumento del instante
y alcanzó el modo de la conjetura:

Los palos del diablo

son como varitas mágicas.
Lanzados al vacío, bailotean
con un ritmo preciso,
pero envilecido.

Mi amiga Mara Pastor hace juegos malabares,
recoge una insinuación o fractura
que refulge en la piel de los objetos:
tazas, escobas, cucharas oxidadas,
nada parece resistirse
a su vocación de funámbula.

# BROWN SUGAR

Margaret me ha invitado a un café,
me ha invitado al Lettieri,
en la calle Cumberland,
y no he podido decirle que no.
Llego con la Margaret
a este absurdo pedacito de Italia
en medio de la ciudad.
La observo saludar,
entablar conversación
con la dama risueña
que nos atiende diligente.
Mi contertulia dulcifica su brebaje,
le pone azúcar negra
como si se tratara
de una parte de mirra.
Es una de sus maneras
de ubicarse en el mundo.
En La Romana
endulzábamos el café

con esos mismos cristales sin refinar,
esos que ahora desaparecen irremediablemente
en el hondísimo pozuelo de la Margaret.

# Cómo se come una ostra

La escena que te atraviesa,
esa mandorla
que recorre lujuriosa tu carne
ligeramente azulada
por los fuegos de artificio,
dimensiona el asomo
de una cercanía,
el contorno que va
del acaso a lo posible
y de lo posible a las vetas
de una continuidad.
Lo que se escapa de ti,
lo que se desborda
por el ocre verdoso
de tu curiosidad,
no calla ni vaticina.
Es solo un estar ahí,
suspendido e ignoto,

asordinando el fragor
de las mareas.

# METRÓPOLIS

Escapar
de las arenas movedizas
y confrontar el tedio.
Caminar es otro rito
que acorta mis derivas,
el transpirar de viejos hábitos
en el apurado andar del animal
que sospecha su alimento.
Dijiste que más allá de la textura
maliciosa de estas calles
se levantaba un trasmundo
de posibilidades insospechadas.
Para entonces no precisaba oír
salvo la música escondida
entre las líneas de un extraño avatar.
Partí hacia ese otro lado
solo ante el acecho de un "no más"
evaporado en la indiferencia de los paseantes.

# La enemiga

Cristal
que rompe las esquinas
centelleantes de la urbe.
Si por un momento
me mostraras la senda,
la fina holanda que separa
esta filosa madrugada
de un no tan lejano amanecer lunar,
empezaría de nuevo la cuenta regresiva,
atrás las horas hacia el azar hiriente.

## Páramos

Soplo fugaz a tu lenguaje
trócase en indicio de notas leves.
Ahora estoy ausente
y cada memoria reverbera.
Con esta absurda ligereza,
prisionero de mi aliento
enrarecido de ortigas,
lo que intuyo
me devuelve algo
de aquella ilación,
una tersa arboladura
de contactos que regresan
evitando calas.
En esto ha de consistir la renuncia,
hambre de anclajes, golpe fútil
contra la materia de mi soledad
más honda.

## ABANDONAR LA CASA

Abandonar la casa,
sus oquedades íntimas,
sus vacíos de tiempo
densos y numerosos.
Vuelvo la mirada
para no perder la marca
de mi desasimiento
-hoy son otros los terrores-.
Dejar la casa,
renegar de su cadencia,
ese páramo de gestos
aprendidos y sin embargo
tan insólitos al amparo
de cada floración.

# Palingenesia

En este punto
comienza el duelo de mi sed,
donde posaste el beso
derramado contra las aguas.

# La carcajada

Adviene con la levedad
de un gesto escapado
la brizna de una memoria,
un segundo asido
a la material banalidad
de este momento
en que te miro
desgarrar el silencio
con cuatro palabras furtivas
y una carcajada.
Algo se cuela por el ojal,
un elemento conocido
y otra vez distinto
que fulgura
tornasolando la máquina
de tu proximidad,
visos, tal vez,
de lo que más adentro,

lejos de esta página desapacible,
nos aguarda para pertenecer.

# La mañana

En la concavidad
de este misterio estremecido
espejea un resto de claridad,
filamento terroso centelleando
contra todo vestigio de lo acontecido.

# Izamal, México

Lengua rota la que amarra
los ejes de esta comarca
y el amarillo encendido
de sus agrimensuras.
Asimilar la eclosión
de esa ruta accidentada
que se interpone al paisaje
como un espejismo
invita al desasosiego.
Y sin embargo asientes,
regalas de tu fijeza
el don multiplicado.

# Casa sin terminar

Tengo en mis manos
un diminuto volumen
titulado *Casa sin terminar*.
Me lo obsequió Ángela San Francisco,
madre del poeta salmantino
Aníbal Núñez,
hace exactamente un lustro.
He reconstruido los pormenores
de aquella visita al refugio
del poeta y los signos
que se fueron alineando
para que su vigilia saturnal
diera conmigo.
Poco tuvo que ver Francisco
y su torrencial diligencia
por mostrarme
los bardos de la ciudad.
Mucho menos Fernando,
quien apalabró la cita

en el viejo apartamento
del Paseo de las Carmelitas.
El encuentro –entiendo ahora–
se venía fraguando con sigilo
desde tiempo antes,
como el licor de la uva
o el liquen en la piedra de Villamayor.
Aquello era una broma del poeta
desde su infierno acuoso,
un ajado estandarte
señalando la pírrica victoria
sobre el extravío.

# Ruinas de San Francisco

Allá donde el techo regio
complicaba las cornisas
un ocaso de palomas
encandila la tarde.
Volutas, frisos, balaustradas,
todo va cediendo -no sin lucha-
ante el embate yodado del mar.
El salitre lava la piedra con eficacia,
como queriendo devolver a la tierra
su chatura primigenia.
Solo estas aves
conservan impasibles
su porte señorial
y cimentan con el fracaso
de su aleteo lo que alguna vez
fue arco, entablamento,
bóveda, arquitrabe.

# TORRE DEL HOMENAJE

Ojo mágico, aspillera,
razón de la mirada
del que espera
tras los bastiones
por la inhóspita señal.
El emisario de extramuros
atiza el fastidio de un can,
manifiestamente ajeno
a lo que encierra
la superficie de estos viejos
paramentos angulares.
Coral, arcilla, sangre,
pasta que amilana al siervo
entre los pernos y arandelas
de esta prisión
guardada por las gárgolas.

# Boceto en tinta china

En el mandarín escrito,
el día se representa
como una ventana de dos hojas
orientada hacia un perdido hemisferio.
El adiós como un cuadrado trunco
basculando sobre el casco de una barca.
El viento es una equis coronada,
y la grafía de la lágrima
corresponde a una cuenca
nimbada de serpentinas.
Pero es en el dibujo de la escucha
donde esta lengua se magnetiza
hasta rozar el límite de su plasticidad.
Y es que escuchar, en mandarín,
equivale a la vecindad armónica
de tres caracteres:
los ojos, los oídos y el corazón.

# ISABEL

De ser cierta
la memoria de la huida,
y posible la madeja
de voces abriendo relieves
sobre la marca de los acantilados,
alguna salida habrá -es un hecho-
cuajada en las neuronas
de la infante.

# Tolle, lege

*a Mario Emilio*

Débil ráfaga de letras
sembrando acertijos
en la memoria naciente.

# QUEMA DE MARKITOS

*En el carnaval de Zalduondo, diminuta comarca de la ruralía vasca,
el protagonista forzado es Markitos, muñeco que simboliza el mal
agüero y al que se sacrifica en medio de las festividades.*

Quien te viera de tal guisa
así, vejado, a la gracia de todos
fatalmente repartido,
una por una tus partes
alimento a la risa
y el escarnio dando,
conocería lo que al ojo
del común dejas aquí:
la llave y el tesoro
y el cadalso.

# Peculio

¿Puede haber alguien
en este mundo que responda al
patronímico de Patán?
Imagino el lance
de ese oscuro antepasado,
su osadía sin par,
deuda aún no pagada
que levanta sonrisas
en el semblante más adusto
de la calle taxqueña.
Por no hablar del prudente
recato de Miguel
cada vez que la vida
le obliga a pronunciar su nombre.

## Blanca Varela

Esa palabra,
la que te habita
como una antigua razón,
¿dónde la imaginaste?

# EXTREMO CERO

*A León Félix Batista, que lo sabe.*

Por el modo en que se orientan
los grafemas puedo avizorar la caída.
La disposición es única,
hileras de marcas
se van distribuyendo
hasta formar un nítido
epitelio de formas breves.
Más tarde aguarda el sedimento,
la convergencia azarosa
que acompaña el sabor
del trazo ya perdido,
esa minusvalía.

# LIMO
## (2018)

# El servidor de misterios

Al atrapar un gorrión
hallé mi propio peso,
la rotundidad de mi peso
engulléndome
en una espiral de asombro.

# Ya no vendrás a Albión

Ya no vendrás a Albión,
en donde el limo
se adhiere a la piedra
con una gracia macabra.
Esas catedrales
nada te dirán,
ni las calles
imaginadas con esmero.
La opacidad es aquí
materia cotidiana,
se cuela por las hendijas
en millares de partículas
hasta cubrirlo todo.
También los cuerpos
arrastran sin saberlo
los matices de un barro ancestral.
Pero, contra toda esperanza
de reconquista,
hay destellos de claridad

despabilando la grisura
de los campos.

# LIQUEN Y PIEDRA

La piedra calla.
Sabe que en el empeño del liquen
se esconde un drama atroz.
No está claro
si rehúsa esa cercanía
o bien la propicia
en una imperceptible danza.

# Año bisiesto

Aunque no se advierta su caudal,
afuera palpita el río.
La corriente que lo nutre
tienta el trajinar del método,
la material salinidad
de los propósitos.
El Danubio abraza Regensburg
con el agua
de un febrero bisiesto.
Qué convite el que acciona,
qué asomo de luz
entre el limo compacto
de su errancia.

# AGUA DE NOVIEMBRE

Antes del abrazo
con su promesa de eternidad
contemplábamos la arena
y el pez multicolor
que golpeaba
el vidrio del estanque.
¿Qué te acerca hasta aquí
cuando ya la letra
no es más que el saldo
de una claridad disipada,
el fracaso de las aguas
en la ciudad que dormita?
La mañana llegó
cargando el duelo de noviembre,
de todos los noviembres que vendrán,
de todos los noviembres que se han ido.
El búho de basalto
domina la escena
mientras yo deslizo la mano

por la pendiente del día
para sellar el pacto.

# La espiral del caracol

En mi piel
has visto una fractura,
una mancha que se instala
en los espacios de tu brillantez
y se dilata.
La tachadura en mi carne,
la materia que observas
con pericia de auriga,
no destila luminosidad
ni apacigua el trote de los caballos,
pero se adosa a tu figura
como el musgo a la piedra
herida por la corriente.

## VARIACIÓN DE UN MOTIVO DE MARIE CHARLEMAGNE

Equilibraban cifras
que anunciaban
extraños vaticinios.
Tomaron a broma el presagio.
Qué importaba si ante ellos
la corteza de los días
se desgajaba
como una cebolla
o el galope
de tiernos hipocampos.
Hipocampos son caballitos de mar,
criaturas expertas
en aparearse danzando
sobre un lecho de talofitas.
Las talofitas son el musgo del mar,
lámina que registra la rotundidad
de los afectos y las equivalencias.

# Big Bang

El azul tenaz
es mi recuerdo más urgente,
la marca de tu supremacía
en el segundo
en que se dispararon
los astros.

# Exactitud de los dioramas

La ventana abierta
admite pocas discrepancias:
al otro lado del río
persiste la casa abandonada.
La hiedra en la fachada
parece un lunar de sangre.
Adentro está el jardín,
el lugar que adornamos
con los elementos de la fortuna.
Afuera solo el brillo de la piedra del Tormes
y la ruina de lo que alguna vez fue un hogar.
La casa a punto de derrumbarse
tensiona una tragedia tan rotunda
como la de la casa sin terminar.

# Paisaje doméstico

El avión amarillo
surca el cielo
de filigrana del salón.
Adónde va
y qué certezas anuncia
su curso imposible
lo saben la mujer
del rictus lánguido
y la niña ausente de los retratos.

# MANDYLION

Fue justo aquí,
frente a la imagen de San Judas,
donde pedí sabiduría
para tomar las decisiones correctas.
Una nómina de faltas
y la inquietud por las apuestas
afianzaban mi súplica.
La tuya se hizo secreta
ante la luz que se afanaba
en imitar el resplandor
de los lunares en tu vestido.
Era un afán inútil.
El Mandylion de Edesa
adorna el pecho del santo
y también resplandece.
Dicen que el lienzo
comunica la esperanza
de alcanzar lo imposible.
En medio del espejismo

se avizoran puentes
con que volver atrás.

## Ashbury Avenue

La nieve cae a destiempo
sobre el pasto recién nacido,
lenguaje soñado para morir deprisa
con el presagio de la primavera.

# TRIVIUM

Por años he regado una planta
abandonada por alguien
al despedirse.
La he visto crecer,
orientar sus hojas
en dirección de la luz.
Ese impulso ha doblado su tallo.
Dependiendo del ángulo
desde el cual se mire,
en ocasiones adquiere
la forma de un signo de interrogación.
Otras veces es el dibujo
de una encrucijada
de tres caminos.
Ambas figuras hallan
en la planta la posibilidad
de una historia que las redima.
A veces una pregunta
anuncia caminos que se cruzan,

fragmentos de algo
que pide acontecer.

# Herencia

Camino
con los zapatos de mi hijo,
con paso acelerado
recorro las calles
que ambos transitamos sin pensar
en los itinerarios de la prisa.
Los zapatos que el niño deja
son su manera de empezar
a criarme como al infante
que él un día fue
y que ahora se difumina
en la severidad
de su nueva piel de hombre.

# Higüeral

La vieja tienda sigue en pie
ante el polvo de la plaza.
Máquinas y gente han consagrado
ese espacio con la gravedad de un ritual
que llamaré la vida.

No entendíamos la lengua
en que el viejo Guelo
discutía con el cliente.
Desde nuestra pequeña humanidad
el abuelo era un dios justiciero
al que todos amaban y temían.
Junto a él,
sujetando nuestras manos
sin decir palabra,
estaba la abuela.
Bastaba una mirada,
un simple gesto,
para volver las aguas

a su curso apacible.

Los abuelos se han ido
y el sitio de su descanso
ha de estar descuidado.
El arce que se deshoja
frente a mí
en la ciudad del invierno
es testigo de mil historias,
pero no me conoce.
Yo sigo siendo el niño
que sujeta la mano de la abuela
y mira el polvo de la plaza.

# ORACIÓN

En la pieza contigua
mi madre reza a una figura de yeso.
Ignoro la magnitud de su plegaria,
el abismo que salva su fervor
en cada cuenta.
Alguna vez recé
apretando su brazo
mientras mi hermano escalaba
con ligereza al otro costado.
Su cuerpo era un emblema, un ardor.
Qué pedía mi devoción de entonces
no alcanzo a precisarlo.
Los signos de esa deriva se han perdido
como la juventud de la mujer
que reza a la figura de yeso.
Ella no lo ve,
no hay cómo intuirlo,
pero en su esperanza
se asienta un legado
de difícil medida.

## La Montalva

No dijeron adiós.
En la cubierta del vapor
se contentaron con mirar
la placidez de la ensenada
hasta que el agua mudó a un azul hiriente
y anegó el espejismo de los pastos.

No hallaron apacible
el trajín de la caleta en la tierra de acogida,
el parque sin paseantes,
el compás acelerado del hablar.
Pero insistieron en hacer de ese páramo
un origen.

Jacinto murió ahogado
por la humareda de la caña.
Fueron diez los hijos de Ramona
contra todas las prevenciones
de su cuerpo diminuto.

La cuarta dio a luz a mi madre.

De ese tronco
queda el nombre de un barrio en Guánica,
la huella de los Montalvo en La Romana,
el poema que los eleva del olvido
bajo una luna turbia y estrellas que no se ven.

# José María Lima

¿Imaginé siquiera
en aquel gesto
lo que pesa una letra
en la epidermis?
A los veinte años
moraba en las imágenes
de tus versos espectrales.
Veinte han transcurrido
desde aquel fogonazo.
La resaca me dice
que aún quedan
alquimias en proceso,
vestigios de un libro
concebido en décadas
de ágapes y anuarios.
La duración de ese sigilo se dilata
con la cifra exponencial en la pizarra:
el fulgor de un viejo cascarrabias
con vocación de loco.

Por eso me conmueve
la medida de tu pérdida,
esa muerte rotunda
que nos seguiremos pasando
como un amuleto.

# DECLARACIÓN

Esto no es una ciudad, es un osario.
Y en medio de esta huesera
acecho y me sorprendo
de mi cuota de costumbre,
un esqueleto que sortea
ejércitos de párvulos.

# La Noria

Ver llover sobre la calle,
vislumbrar la simetría del agua
reptando en íntimas agrimensuras.
¿Es el nombre el que concilia
esa estampa o la insistencia
rotunda del paisaje
la que destila una voz?
La niña corre tras el can
y el mercader anuncia
su pedazo de esperanza.
En el paño de asfalto de La Noria
toda línea se cumple
en acabada cadencia,
perfilada al milímetro
frente a un mar
en cuya perfección no reparan
-señal de salvación-
ni la niña ni el mercader del hambre.

# Horizonte de sucesos

En el vértice del fulgor
el oro que flamea
y no parece invocar
con este lance nada,
ni una mueca rotunda
ni un sobresalto.

# ÍNDICE

EL DESASIDO (2009)

LIMO (2018)

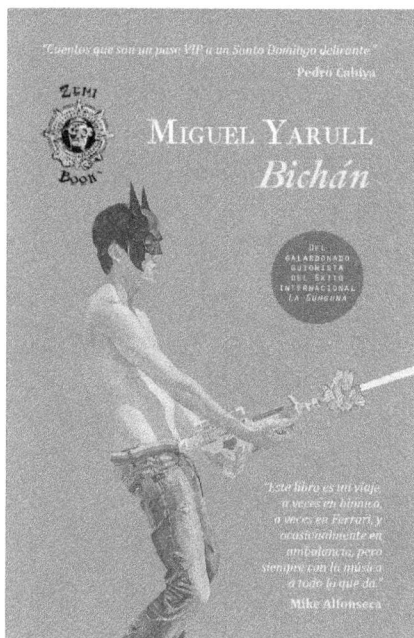

MIGUEL YARULL
*Bichán*

# Del guionista más cotizado de República Dominicana

En el cruce del kilómetro 29, un conductor se agacha a buscar el estuche de CDs que se le ha caído, y salta la aguja en el disco de su vida. Un fetichista apenas puede controlar sus urgencias en una reunión de trabajo. Un hijo y su padre muerto se combinan para quebrar una banca de apuestas. Un surfer entrado en años rememora sus días de juventud mientras escucha a Pink Floyd y conversa, ¿con quién exactamente? Estas son algunas de las historias contenidas en este maravilloso volumen de Miguel Yarull que incluye "Montás", el cuento que posteriormente se convierte en el hito del cine dominicano y caribeño *La Gunguna.* Un libro muy esperado y que abre el camino literario a uno de los guionistas más cotizados de la República Dominicana.

ZEMI
BOOK

## PEDRO CABIYA
### *Reinbou*

# Nueva edición

**La novela que inspiró la película protagonizada por Nashla Bogaert.**

La febril y fecunda imaginación de un niño en el Santo Domingo de los años setenta posee la poderosa virtud de transformar su entorno de manera vertiginosa. Las pequeñas revoluciones que desata en el barrio donde vive van deshilvanando intrigas de la Guerra Civil de 1965 --ocurrida apenas diez años atrás-- y sus derivas en la sociedad dominicana del tercer milenio. Armado del singular estilo que lo caracteriza entre los narradores del continente, Pedro Cabiya nos sorprende con un verdadero festival de personajes memorables, al tiempo que anuda una trama tan espectacular como conmovedora, apropiándose de la memoria histórica con la gracia e ironía de los grandes maestros.

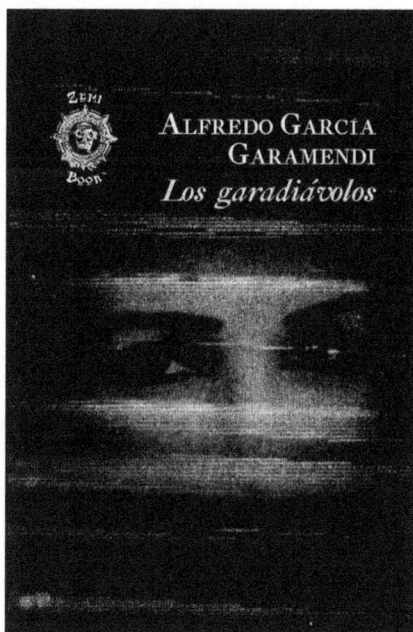

ALFREDO GARCÍA
GARAMENDI
*Los garadiávolos*

# Vuelve a imprenta
# el éxito pulp de los años 70

Rubén, un veterano periodista, está disfrutando de unas merecidas vacaciones en la República Dominicana cuando su asueto se ve interrumpido por un racha de avistamientos de OVNIS en Puerto Rico, adonde rápidamente acude a investigar. A partir de entonces, nuestro protagonista se ve involucrado en una de las más exageradas y enloquecidas tramas de la estética pulp. Luego de entablar amistad con la misteriosa y seductora Madame Rosafé, y haciendo un recorrido por República Dominicana, Haití y Puerto Rico, el periodista se enfrenta, inconcebiblemente, a platillos voladores, zombis, brujos, médiums, macabras iniciaciones, mambos, extraterrestres y, por supuesto, a los escurridizos y silvestres garadiávolos. Kitsch hasta más no poder, esta novela del enigmático Alfredo García Garamendi nos provee una estupenda ventana a las neurosis, cultura popular y malaise colonial de esos años turbulentos.

# ¡Ya en librerías!

Orishas, santos, luases, demonios y ángeles retozan en un Puerto Rico fantástico que solo la fértil imaginación de Pedro Cabiya pudo haber concebido. Diferentes ministerios de la burocracia administrativa del multiverso compiten por recuperar la valiosa mercancía de un contrabando sideral abandonado en Santurce, capital de la República Borikwá... Pero sustraer ese botín no será tan fácil como creen. Sátira política y parodia cósmica se combinan en un entramado de espionaje y acción donde las grandes preguntas de la existencia comparten espacio con el humor más profano, produciendo una novela que se resiste la clasificación dentro de los géneros conocidos, anunciando uno nuevo. Precuela de su inmensamente popular novela *Trance*, *Tercer mundo* promete, como su antecesora, una lectura imposible de interrumpir.

Zemí Book

PEDRO CABIYA

Malas Hierbas

Zemí Book (Crown Octavo)

## Ganadora del Foreword INDIES
## Best Science Fiction/Fantasy Book Award
## Finalista del Best Translated Book Award

Un zombi caribeño, inteligente, galante, financieramente independiente y alto ejecutivo de una importante compañía farmacéutica, se obsesiona con encontrar la fórmula que revierta su condición y le permita convertirse en una persona de verdad. En el camino, tres de sus colaboradoras más cercanas (Isadore, cerebral y calculadora; Mathilde, ingenua y sentimental, y la pendenciera Patricia), guían al reacio y desconcertado científico a través de las impredecibles intersecciones del amor, la pasión, la empatía y la humanidad.... Pero el juego laberíntico de los celos y la intriga amorosa que un ser vivo encontraría fácil y divertido negociar, representa para nuestro muerto en vida un enredo insuperable de intenciones oscuras y peligrosas ambigüedades.

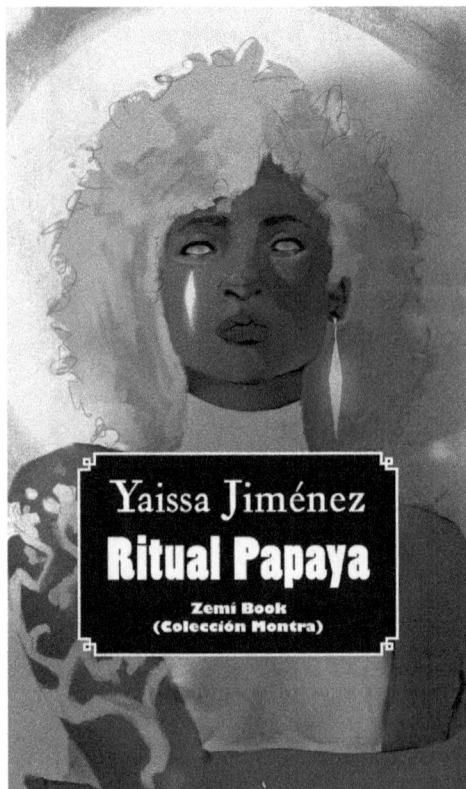

# Ritual Papaya

Con una voz poética espontánea, altanera, a veces refrescante, otras veces siniestra, Yaissa Jiménez elabora su Ritual Papaya, un compendio lírico en el que cultiva un misticismo afro oriundo de Los Mina, abonado con la afilada cimarronería de "aquel lao".

www.ingramcontent.com/pod-product-compliance
Lightning Source LLC
Chambersburg PA
CBHW021936040426
42448CB00008B/1091